マインクラフト
頭がよくなる
冒険なぞとき365

なぞとき委員会 著

イースト・プレス

マインクラフトの冒険(ぼうけん)に出かけたら
なぞときの島にたどり着いた。
どうやらここでは、
「もんだい」や「なぞなぞ」をクリアして、
レベルアップできるみたいだ。

「国語」「算数」「理科」「社会」「英語」
もてる力の全てを使い、
「かん」や「とんち」も働かせながら、
マインクラフトの世界を旅して、生き残ろう。

全ての問題に立ち向かったとき、
きみの頭は今よりもきっとかしこく、また
やわらかくなっているだろう……。

も く じ

この本の使い方

Level1～4の問題が、全部で365問あるよ。
「もんだい001」から順にといても、
好きな学習からチャレンジしてもいいよ。
なぞなぞやクロスワードもあるから、全問せいかいを目指してみよう！

Level（レベル）
問題のむずかしさを表すよ。
Level1からLevel4まであるよ。

もんだい（365問あるよ！）
同じ問いで、「もんだい」が
たくさんあることもあるよ。

学習の種類がわかるよ！

えらんで答えよう！
答えをえらぶ問題のほかに
めいろなどの線でつなげる問題や、
自分で答えを考える問題もあるよ。

答えは、次の見開きの下にあるよ！
（○○○ページを見よう）と書かれていたら、
そのページも見てみよう。
答えのページ（150～159ページ）には、
めいろなどの線でつなげる問題の答えや、
図での説明がのっているよ。

Level 1

むずかしさ：ピースフル

のどかな村にスポーンしたぞ。
見わたすかぎり、
モンスターはいないようだ。
あれ？？
ゾンビのうめき声が
近づいてくる……。
見つからないように
にげながら、問題をとこう！

もんだい 001

ちかはちかでも、
もぐらなくても
早く行けるちかってなんだ……？

Level 1

鳥はどれ？

もんだい
002

1 オウム

2 ミツバチ

3 コウモリ

魚はどれ？

もんだい
003

1 イルカ

2 タラ

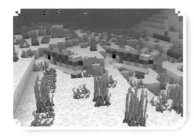

3 ウーパールーパー

理科

もんだい 004 こんちゅうはどれ？

① クモ

② カエル

③ ミツバチ

もんだい 005 こんちゅうの体を大きく分けると、あたまとむねと、あとはどこ？

① あし

② はら

③ はね

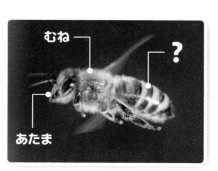

むね

？

あたま

もんだい 006 フグが ふくらむのは なぜ？

1. わくわくするから
2. おこっているから
3. うき上がりたいから

もんだい 007 フグは どうやって ふくらむ？

1. 水や空気をすう
2. 力をこめる
3. すなを飲みこむ

もんだい008

ラクダは1度に どれくらいの水を飲む？

1 コップ5はいぶん **2** 5リットル

3 100リットル

 もんだい009

ラクダのこぶには なにが入っている？

1 しぼう **2** 血 **3** 水

同じキツネの重さを3回はかったよ。どれが重いかな？

もんだい 010

1 全て同じ **2** すわっているとき **3** ねているとき

ねている

立っている

すわっている

8ページの答え
◆ 006 ③おこっているから：体を大きく見せて、てきをいかくするよ　◆ 007 ①水や空気をすう：海の水をたくさん飲みこんで、おなかをふくらませるよ

動いている電車の中で進行方向を向いて上にジャンプしたらどうなる?

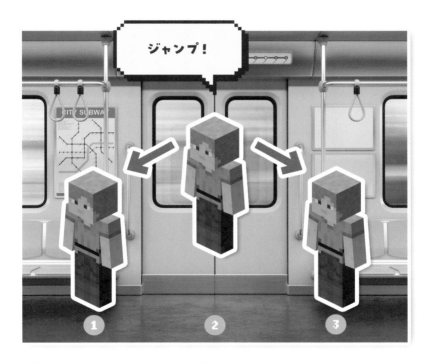

ジャンプ!

1 2 3

① 前に着地する

② 同じところに着地する

③ 後ろに着地する

 もんだい 012

タケノコをいちばん多く食べられるコースはどれかな？

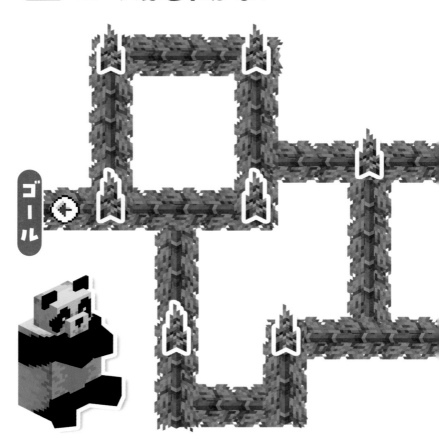

ゴール

10 ページの答え
 010 ① 全て同じ：どんなしせいではかっても同じ重さだよ

同じ道は1度しか
通れないよ！

スタート

もんだい013

曲がり角が
いちばん
少ない
コースは
どれかな？

それぞれのシーンに あてはまる反対の意味の 言葉をえらぼう！

もんだい
014

日が

もんだい
015

空が

もんだい
016

ヒツジの

12 ページの答え
◆ 012（150 ページを見よう）

 1 つずつえらぼう！

1 暗い　　2 落ちる　　3 明るい

4 子　　　5 のぼる　　6 親

日が

空が

ヒツジの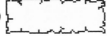

に入る
「こそあど言葉」
をえらぼう！

1つずつえらぼう！

1 これ　2 あれ　3 どれ

もんだい
017

はクリーパーだ！

もんだい
018

はおのだ！

もんだい
019

をしゅうかくする？

14〜15ページの答え
◆ 014 ③のぼる⇔②落ちる　◆ 015 ①明るい⇔④暗い　◆ 016 ④子⇔③親

ことわざの ◻◻◻ に入る動物は？

 もんだい 020 ◻ に小判

 もんだい 021 ◻ に真珠

 もんだい 022 ◻ の耳に念仏

全て「よさが分からないものを
あたえても意味がない」
ということわざだよ！

1 豚

2 猫

3 馬

どんなふうに数える?

ウマ

ニワトリ

カエル

本

花

ろうそく

 1つずつえらぼう!

1 **1さつ**　　2 **1りん**　　3 **1頭**

4 **1ぴき**　　5 **1本**　　6 **1羽**

ことわざを完成させよう！

 もんだい
029

備えあれば

1 うれしいな
2 憂いなし
3 春うらら
4 福来る

 もんだい
030

二兎を追う者は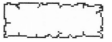

1 尻隠さず
2 仕損じる
3 一兎をも得ず
4 木に登る

「兎」は
ウサギのことだよ

に数字を入れて、言葉を完成させよう！

  寒 温

春先に寒い日とあたたかい日が
数日ずつ、くりかえすことだよ

鶴（つる）は 年、亀（かめ）は 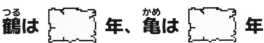 年

長生きでおめでたいなぁ……
という祝いの言葉だよ

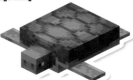

  石  鳥

1つの行動で2つよいことが起きる
ことを表す四字熟語（よじじゅくご）だよ

 1つずつえらぼう！

1 一　**2** 二　**3** 三　**4** 四　**5** 千　**6** 万

 に体の部分を入れて、
言葉を完成させよう!

 もんだい 034　地に がつかない

そわそわと
落ち着かないことだよ

 は ほどにものを言う

話すよりも気持ちが
表れることがあるよ

 もんだい 035

 によりをかける

力をはっきしようと
いきごむことだよ

もんだい 036

 1つずつえらぼう!

 ❶ 目　　 ❷ 口　　 ❸ 腕(うで)　　 ❹ 足

 もんだい ロ37 正しい聞き方はどれかな？

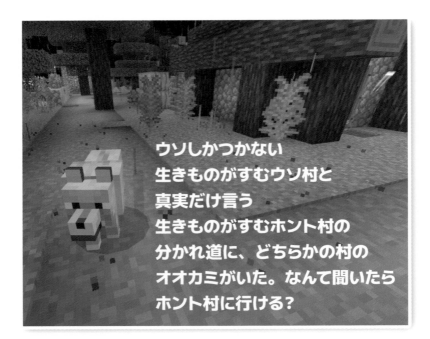

ウソしかつかない
生きものがすむウソ村と
真実だけ言う
生きものがすむホント村の
分かれ道に、どちらかの村の
オオカミがいた。なんて聞いたら
ホント村に行ける？

1 ホント村はどっち？

2 きみの村はどっち？

3 ウソ村の場所を教えて！

20 ページの答え
◆ ロ31 ③三、④四（三寒四温） ◆ ロ32 ⑤千、⑥万（鶴は千年亀は万年）
◆ ロ33 ①一、②二（一石二鳥）

かけ算が書かれたブロックがくずれた！
あなに入るブロックはどれかな？

	1	2	3	4	5	6	7	8	9
1	1	2	3	4	5	6	7	8	9
2	2	4	6	もんだい 038	10	12	14	16	18
3	3	6			15	18	21	もんだい 039	27
4	4	8	12	16	20	24			36
5	5	10	15	20	25	30	35	40	45
6	6	12	18	24	30	36	42	もんだい 040	54
7	7	14	21	28	35	42			63

1

2

3

4

5

 もんだい 041 大きいじゅんにならべよう!

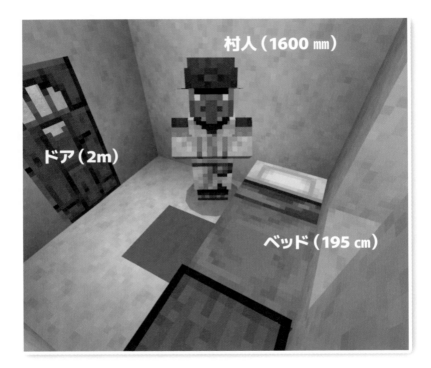

村人（1600 ㎜）

ドア（2m）

ベッド（195 cm）

① ドア>ベッド>村人　　**② ベッド>ドア>村人**

③ ドア>村人>ベッド

22 ページの答え

🐾 **041②きみの村はどっち？**：オオカミがホント村の生きものなら真実しか言わないのでホント村を、ウソ村の生きものならウソつきなのでウソ村ではなくホント村を教えてくれる

20m の畑に、間の長さを同じにしてはしからはしまで木を植えよう！

 もんだい 042 **3本の木を植えたら、間の長さは？**

 もんだい 043 **5本の木を植えたら、間の長さは？**

> 1つずつえらぼう！

1 20m   **2** 10m   **3** 5m   **4** 2m

もんだい 044 オオカミから にげよう!

オオカミがいる 道は通れないよ

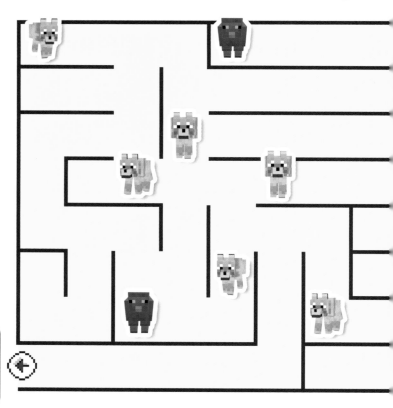

ゴール

24ページの答え
◆041❶ドア>ベッド>村人：2m = 200cm、1600㎜ = 160cmだよ

もんだい 045

めいろのページのオオカミは全部でなん頭?

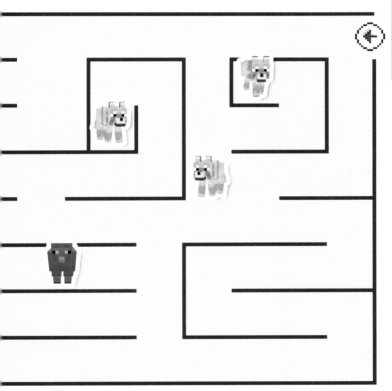

スタート

 もんだい046

福島県の伝統工芸品 でんとうこうげいひん 「赤べこ」はなんの動物？

1 ウシ

2 ウマ

3 ブタ

もんだい047

野生のパンダが生息している国はどこ？

1 アメリカ

2 中国

3 オーストラリア

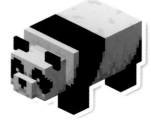

26 ページの答え
◆ 044（151 ページを見よう）

もんだい 048

秋田県の伝統工芸品「曲げわっぱ」の「わっぱ」とはなに?

1 元気な子ども

2 丸い入れもの

3 手じょう

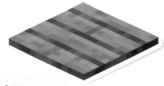

スギやヒノキなどの
うすい板を曲げて作るよ

もんだい 049

古代エジプトでたくさん作られた、石やレンガでできた四角すいのたてものをなんという?

1 テント

2 ピラミッド

3 テトラポッド

都道府県の
生産量1位*を
えらぼう！

*令和4年　農林水産省「作物統計調査」より

もんだい 050　北海道

もんだい 055　沖縄県

もんだい 052　新潟県

もんだい 051　青森県

もんだい 053　静岡県

もんだい 054　鹿児島県

1つずつえらぼう！

1 りんご

2 さとうきび

3 米

4 さつまいも

5 じゃがいも

6 茶

福岡県の郷土料理「かしわめし」はどんな料理？
もんだい 056

「かしわ」ってなんだろう？？

1. かしわもちをつつんだごはん

2. かしわの葉が入ったごはん

3. とり肉が入ったまぜごはん

食事のとき、やってもいいことはどれ？
もんだい 057

1. 手を使って食べる

2. はしをうつわの上にのせる

3. 茶わんをはしで引きよせる

数を表す英語をえらぼう！

もんだい
058

1

もんだい
059

2

もんだい
060

3

もんだい
061

4

もんだい
062

5

1つずつえらぼう！

1 フォ **four**　**2** トゥー **two**　**3** ワン **one**　**4** ファイヴ **five**　**5** スッリー **three**

30 ページの答え

050 ①じゃがいも　**051** ①りんご　**052** ①米　**053** ④茶　**054** ④さつまいも　**055** ②さとうきび

小文字はどれ？

もんだい
063

エィ
A

もんだい
064

ビー
B

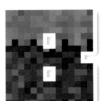

もんだい
065

スィー
C

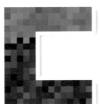

もんだい
066

ディー
D

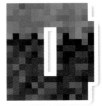

もんだい
067

イー
E

じょうずに
発音できるかな？

 1つずつえらぼう！

1 c **2** a **3** d **4** b **5** e

31 ページの答え
● 056 ① とり肉が入ったまぜごはん：九州ではとり肉を「かしわ」とよぶよ
● 057 ① 手を使って食べる：パンなど、食べるものによっては手を使うこともあるよ

33

もんだい
068

「あまい」は どれ？

もんだい
069

「冷たい」は どれ？

1つずつえらぼう！

1 hot
ホット

2 cold
コゥルド

3 sweet
スウィート

4 hard
ハード

5 sour
サゥア

6 light
ライト

32 ページの答え
◆ 058 ❶ one ワン　◆ 059 ❷ two トゥー　◆ 060 ❸ three スゥリー　◆ 061 ❹ four フォ　◆ 062 ❺ five ファィヴ

りんごで作るパイをなんという?

もんだい
070

かぼちゃで作るパイをなんという?

もんだい
071

小麦粉やバターで作る
パイは英語でも
「pie」というよ

1つずつえらぼう!

1 pumpkin pie
パンプキン パイ

2 apple pie
アップル パイ

3 potato pie
ポティトゥ パイ

モンスターなぞなぞ ①

あたまをひねって ひとやすみ!

もんだい 072
にくはにくでも、
やおやさんに売ってる
におうにくは?

もんだい 073
りりりりり
りりりり
この野菜は?

もんだい 074
いつもふるえている
イヌは?

もんだい 075
ケガをしたところに
ぬるどくは?

漢字で考えよう!

もんだい 076
1を足したら
100になる色は?

34ページの答え
◆ 068 ③sweet：hard はかたい、sour はすっぱい、light は軽いだよ
◆ 069 ②cold：cold（冷たい、寒い）の反対は hot（熱い、暑い）だよ

Level 2

むずかしさ：イージー

みつ林を進んで行ったら、どうくつを見つけた！
おくの方からクリーパーの声が聞こえている。
なにやらちょっとむずかしい問題を
出しているみたいだぞ……。

もんだい 077

みつはみつでも、
だれにも教えない
みつってなんだ……？

足あとの主をさがそう！

もんだい 078

もんだい 079

もんだい 080

 1つずつえらぼう！

1 ウマ

2 ヒト

3 ウシ

36ページの答え
● 072 ニンニク　● 073 キュウリ：「り」が9こあるからだよ　● 074 ブルドッグ：ふるえる（＝ブルブル）イヌ（＝ドッグ）　● 075 消毒（しょうどく）　● 076 白：一を足したら百になるよ

理科

 もんだい 081

シロクマの毛はなに色？

1 白

2 黄色

3 無色

> 寒さに強い
> ひみつがあるよ！

 もんだい 082

ウシの胃はいくつある？

1 2つ

2 3つ

3 4つ

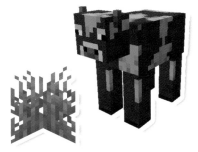

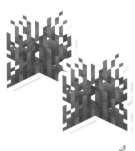

もんだい 083

二酸化炭素をすって、酸素をはくのはどれ？

① カエル

② タンポポ

③ ヒト

もんだい 084

血が赤くない生きものはどれ？

① ヤギ

② カエル

③ イカ

もんだい 085

たまごをうまないのはどれ？

1 カメ

2 コウモリ

3 ニワトリ

もんだい 086

たまごが大きいじゅんに ならべよう！

> サケのたまごはイクラだよ
> タラのなかまのスケトウダラの
> たまごがタラコだよ！

1 ニワトリ

2 タラ

3 サケ

 もんだい 087

海の中で息ができるのはどれ？

1 カメ　　**2** フグ　　**3** イルカ

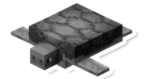

 もんだい 088

サケが生活するのはどこ？

1 海　　**2** 川　　**3** 海と川、両方

40ページの答え
◆ **083** ②タンポポ：植物は動物と反対で、二酸化炭素をすって酸素をはくよ
◆ **084** ④イカ：うすい青色のけつえきだよ

子どものころはなんとよばれていた？

もんだい089 カエル

もんだい090 ネコ

もんだい091 ニワトリ

 1つずつえらぼう！

① コウモリ　　② おたまじゃくし　　③ こネコ

④ ひよこ　　⑤ アヒル　　⑥ ナメクジ

もんだい 092

育つじゅんに進もう！

タテとヨコに進めるよ！
カエルのつぎは
たまごに進もう！

42 ページの答え

◆ 087 ❷ フグ：カメやイルカは水面に顔を出して息をするよ（水中で空気を取りこめるカメもいるよ）　◆ 088 ❸ 海と川、両方：サケは川で生まれて、海で育ち、川にもどってたまごをうむよ

もんだい 093

おたまじゃくしは
水の中で息ができる。
○か×か？

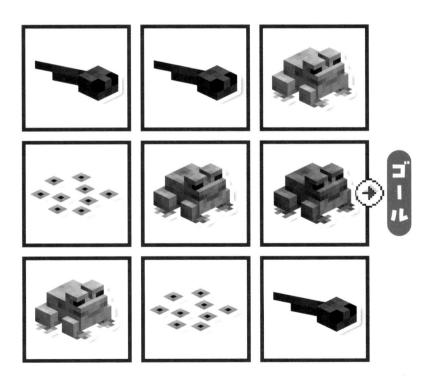

ゴール

リンゴの様子を表す言葉を 7つさがそう！

タテ・ヨコにかくれている言葉を〇でかこんでね。
様子を表す言葉は形容詞といって、
最後に「い」がつくよ！

あ	か	あ	あ	ま	る
か	た	ま	い	る	く
い	か	あ	ま	い	お
あ	た	ら	し	い	い
か	い	あ	ま	る	し
め	あ	す	っ	ぱ	い

44 ページの答え
◆ 092（151 ページを見よう）

ことわざの [ ] に入る色を えらぼう！

……

 もんだい 095

沈黙は [ ] 、雄弁は [ ]

「じょうずに話すよりだまっているほうが 伝わることもある」という意味だよ

 もんだい 096

朱に交われば [ ] くなる

「朱」は朱色の顔料のことだよ

 もんだい 097

[ ] 菜に塩

スイカに塩ならあまくなるね！

 1つずつえらぼう！

1 金　　**2 赤**　　**3 青**　　**4 銀**

45ページの答え
093 ○：おたまじゃくしは魚と同じように、水の中で息をするよ

ことわざの  に入る
動物をえらぼう!

 もおだてりゃ木に登る

 泣きっ面に

 も歩けば棒に当たる

1 豚

2 犬

3 蜂

46 ページの答え
👆 **094** あかい、まるい、かたい、あまい、おいしい、あたらしい、すっぱい:(152 ページを見よう)

もんだい 101

「右往左往」の意味は？

1 うろうろしている

2 混乱している

3 道に迷っている

もんだい 102

「灯台下暗し」の意味は？

1 明かりをつける前は
暗い

2 身近なことほど
分かりにくい

3 灯台でくらすのは
つらい

47 ページの答え

◆ **095** ❶金、❹銀（沈黙は金、雄弁は銀）　◆ **096** ❸赤（朱に交われば赤くなる）：関わる人にえいきょうされることのたとえだよ　◆ **097** ❶青（青菜に塩）：菜っ葉に塩をふったらしおれるように、急に元気がなくなることを表すよ

49

もんだい 103 「虎の威を借る狐」キツネはなにした？

1 トラの胃をとった

2 トラの強さを借りた

3 トラの井戸を使った

もんだい 104 「首を長くする」の意味は？

1 心待ちにする

2 心配する

3 目立とうとする

50

48 ページの答え

◆ 098 ①豚（豚もおだてりゃ木に登る）：ほめると思わぬ力を引き出せることのたとえ
◆ 099 ①蜂（泣きっ面に蜂）：悪いことが重ねて起こること　◆ 100 ②犬（犬も歩けば棒に当たる）：行動を起こすとなにか経験につながるということ

国語

それぞれどんな意味？

 顔が広い
もんだい105

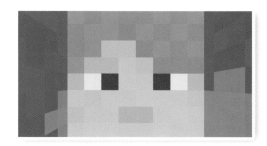

 顔がきく
もんだい106

顔っていろいろな
使い方があるね！

 顔を立てる
もんだい107

 1つずつえらぼう！

① はじをかかせないようにする

② 信用があって無理を言える

③ 知り合いが多い

［　　　］にさんずいがつく漢字を入れて文を完成させよう！

水に関係する漢字が多いね！

もんだい108 のおだやかな

もんだい109 で、

もんだい110 イルカといっしょに ぐ。

50 ページの答え
● 103❷トラの強さを借りた：人の強さやすごさを後ろだてにして、えらいふりをする人のことを「虎の威を借る狐」というよ ● 104❶心待ちにする

に「木」がつく漢字を入れて文を完成させよう！

木へん以外の漢字もあるよ！

もんだい 111 人を **もんだい 112** めて、

もんだい 113 みんなで木を える。

動物が持っている漢字の一部をフルーツ

 ヤギ

 ウサギ

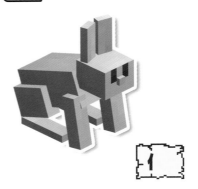

 1つずつえらぼう!

1 グロウベリー

 本

2 スイートベリー

泉
会

と組み合わせて漢字を完成させよう！

 もんだい 116 キツネ

 糸

 もんだい 117 シロクマ

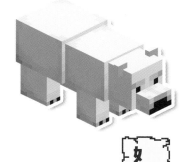

女

3 コーラスフルーツ

 青

4 リンゴ

 市

九九の答えをたどろう！

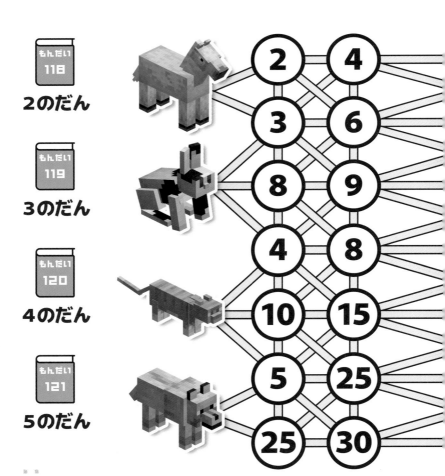

もんだい
118
2のだん

もんだい
119
3のだん

もんだい
120
4のだん

もんだい
121
5のだん

54ページの答え
● 114 ● コーラスフルーツ（晴）　● 115 ● グロウベリー（体）

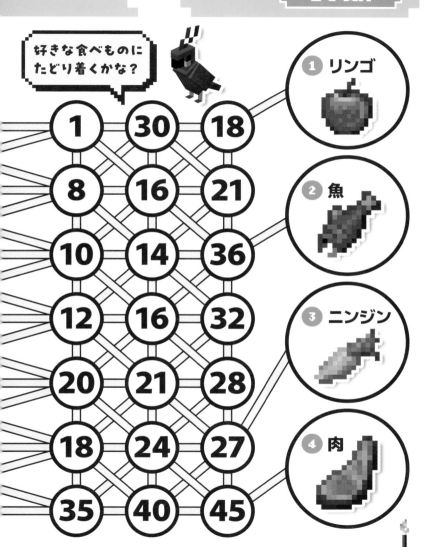

好きな食べものに
たどり着くかな？

1　リンゴ

2　魚

3　ニンジン

4　肉

1	30	18
8	16	21
10	14	36
12	16	32
20	21	28
18	24	27
35	40	45

もんだい 122

下からじゅんに足し算をしたとき、いちばん上に入る数は？

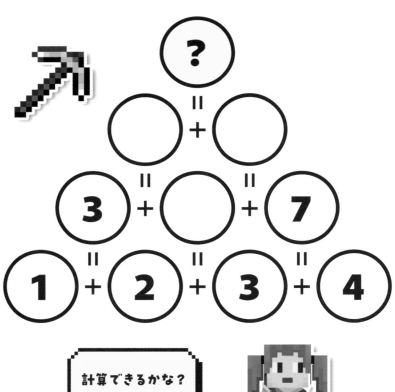

計算できるかな？

56ページの答え
⚔11⬛❶リンゴ　⚔11⬛❶ニンジン　⚔12⬛❸魚　⚔12⬛❹肉
（152ページを見よう）

もんだい 123

下からじゅんにかけ算をしたとき、右下に入る数は？

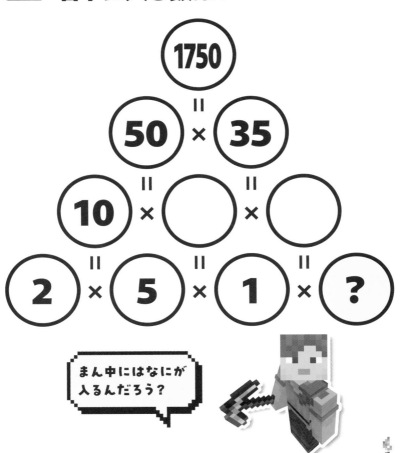

1750
=
50 × 35
=   =
10 × ○ × ○
=   =   =
2 × 5 × 1 × ?

まん中にはなにが入るんだろう？

畑をふたりで等しく分けるには、どこで分けるのがいいかな？

もんだい124

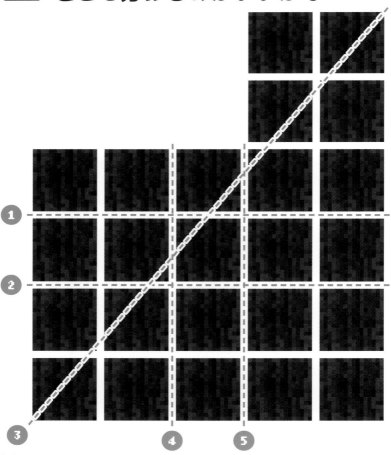

58ページの答え
122 20（153ページを見よう）

立方体のコンクリートについて答えよう！

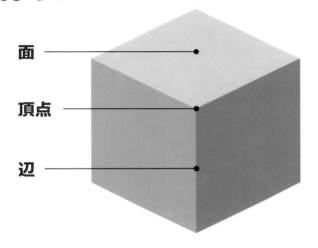

面 ————————

頂点 ————————

辺 ————————

もんだい 125

面はいくつある？

もんだい 126

頂点はいくつある？

もんだい 127

辺はいくつある？

もんだい 12日 ガラス板と大きさや形が同じシルエットを全部えらぼう!

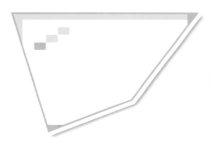

うら返っているものもあるよ!
大きさがちがうものは
えらべないよ!

60 ページの答え
124⑤：12マスずつ分けられるよ

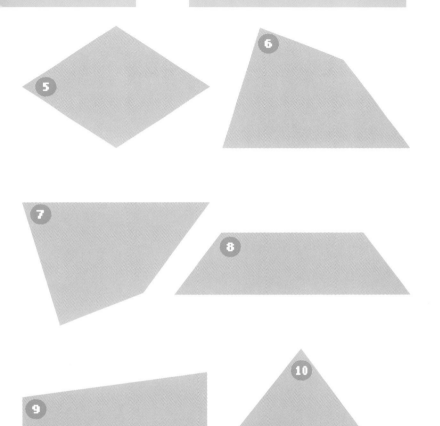

もんだい 129 日本一高い山「富士山（ふじさん）」はどの県にまたがっている？

1 山梨県と神奈川県

2 静岡県と山梨県

3 神奈川県と静岡県

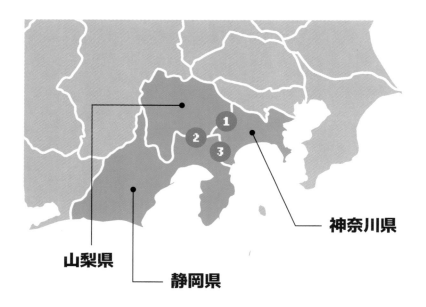

神奈川県

山梨県

静岡県

62 ページの答え
●12日 **4**、**7**、**10** ： **6**はうら返っていて、**10**は向きがちがうけれど、大きさも形も同じだよ

もんだい 130

日本一長い川「信濃川」の河口があるのはなに県？

1 新潟県

2 群馬県

3 長野県

1 新潟県

2 群馬県

3 長野県

 もんだい 131

もともと外国語だったものは どれ？

1 ウニ

2 イクラ

3 イカ

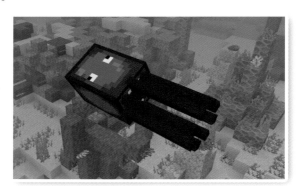

 もんだい 132

ポルトガルから 伝わった料理は どれ？

1 うどん

2 てんぷら

3 すし

パンもポルトガルから伝わったよ！

64 ページの答え
129 ◎ 静岡県と山梨県

もんだい 133

蓄音機や電球などを作った発明王はだれ？

1 バッハ

2 エジソン

3 ガウディ

もんだい 134

「モナ・リザ」や「最後の晩餐」で有名なレオナルド・ダ・ヴィンチはどの国で生まれた芸術家？

1 イギリス

2 イタリア

3 フランス

イタリアはどれ？

①

②

③

なにかの形に
にているよ！

66 ページの答え
◆131②イクラ：ロシア語で魚のたまごのことを「イクラ」というよ　◆132①てんぷら：「てんぷら」という名前も、ポルトガルの言葉がもとになっていると言われているよ

カナダの国旗はどれ？

①

②

③

> 日本の国旗の
> 赤い丸は太陽を表すよ！

もんだい 137

ニンジンを英語で
なんという?

1 potato
ポティトウ

2 carrot
キャゥロット

3 turnip
トゥーニップ

もんだい 138

パンを英語で
なんという?

1 bread
ブゥレッド

2 panda
パンダ

3 pan
パン

もんだい 139

ハチミツを英語で
なんという?

1 bee
ビー

2 honey
ハニ

3 sugar
シュガー

68 ページの答え
◆ 135 **①**：イタリアは地中海に長くのびるブーツの形の国だよ。 **①**はチリ、**②**はニュージーランドだよ

もんだい 140

ブタを英語で なんという?

1 バット bat

2 ドッグ dog

3 ピッグ pig

もんだい 141

ウマを英語で なんという?

1 ベア bear

2 ホース horse

3 ディア deer

もんだい 142

ウシを英語で なんという?

1 カゥ cow

2 キャット cat

3 クゥロゥ crow

 食べものと英語を結ぼう！

もんだい
143

野菜  •

• fish
フィッシュ

肉  •

• vegetable
ヴェヂタブル

たまご •

• meat
ミート

魚  •

• egg
エッグ

もんだい 144 デザートと英語を結ぼう！

くだもの  ●

● cookie クッキ

クッキー ●

● watermelon ウォタメロン

ケーキ ●

● fruit フゥルート

スイカ ●

● cake ケィク

モンスターなぞなぞ ②

もんだい 145
ゾウはゾウでも、いつもドキドキしているゾウは？

もんだい 146
反対向きに泳ぐ、かるい動物は？

もんだい 147
タヌキのあたたかい手ぶくろはなに色？

英語で考えよう！

もんだい 148
日本はなにパン？

もんだい 149
10円　100円　500円　サクラが見られるのは？

Level 3

むずかしさ：ノーマル

ネザーのゆがんだ森にまよいこんでしまった！
長い手足のエンダーマンが、
テレポートしながら問題を運んでいるけれど、
目が合うとおそって来るから気をつけて！

もんだい150

ぺんはぺんでも、
山のいちばん上にある
ぺん、なんだ……？

73ページの答え
💠144（153ページを見よう）

もんだい 151

てきにおそわれたイカがはく スミには、どんな役割がある?

1. 身代わり
2. 煙幕（えんまく）
3. 毒ガス（どく）

もんだい 152

日本の自然にいない動物はどれ?

1. キツネ

2. ウサギ

3. オオカミ

74 ページの答え
●145 心臓 ●146 イルカ：「かるい」を反対向きにすると......? ●147 赤：「あたたかい」から「た」をぬくと......? ●148 ジャパン ●149 100 円：100 円玉にはサクラの模様がついているよ

もんだい 153 海に生える植物はどれ？

1 スイレン

2 コンブ

3 サンゴ

もんだい 154 植物じゃないのはどれ？

1 タケ

2 キノコ

3 サボテン

 もんだい 155

じしゃくにくっつくのはどれ？

1 金　　　2 銅　　　3 鉄

 もんだい 156

1円玉はなにでできている？

1 アルミニウム

2 銀

3 鉄

76 ページの答え

◆151❶身代わり：イカのスミはどろっとしていて水中でまとまるので、てきがイカだとまちがえている間に、本物のイカは遠くににげるよ　◆152❶オオカミ：日本のオオカミは絶滅してしまったよ

もんだい 157 電気をよく通すのはどれ？

1 木

2 銅（どう）

3 ガラス

もんだい 158 同じ大きさのブロックで いちばん重いのはどれ？

1 木

2 氷

3 鉄

◆ **153②** コンブ：スイレンはぬまなどに生えるよ。サンゴは海の中で育つけれど、植物で
はなくてクラゲのなかまの動物だよ ◆ **154②** キノコ：キノコは植物ではなくてカビのな
かまのきん類だよ

もんだい 159 いちばん温かくなるのはどれ?

1 日かげの黒いコンクリート

2 日なたの白いコンクリート

3 日なたの黒いコンクリート

日かげ

日なた

日なた

78 ページの答え
◆155 ①鉄：じしゃくにつく金属とつかない金属があるよ　◆156 ①アルミニウム

方位じしんの方角の組み合わせをえらぼう!

もんだい160

北

ア

ウ

イ

① ア東、イ西、ウ南

② ア西、イ南、ウ東

③ ア東、イ南、ウ西

もんだい 161　日がのぼる方角と、日が落ちる方角の組み合わせで、正しいのはどれ？

1 北からのぼって南に落ちる

2 東からのぼって西に落ちる

3 西からのぼって東に落ちる

もんだい 162　太陽が真南にあるのはいつ？

1 朝の 10 時　　**2** 昼の 12 時　　**3** 夜の 6 時

もんだい 163

今はお昼。夕方になると、かげはどっちに動く？

太陽と反対側にかげができるよ！

① 左　　**② 変わらない**　　**③ 右**

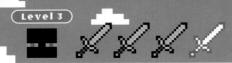

 もんだい 164

「一石を投じる」ってどんなこと?

① 暴力をふるうこと

② 今までにないアイデアを出すこと

③ 疑問をなげかけること

 もんだい 165

「漁夫の利」の「漁夫」ってなに?

① りょうし

② 魚

③ のり

> 鳥と貝が争っていると……という故事に由来する言葉だよ!

国語

一〜十の漢数字を入れて、
四字熟語（よじじゅくご）を完成させよう！

もんだい 166

 日千秋（じっせんしゅう）

日がとても長く感じる、待ちどおしいという意味

もんだい 167

朝（ちょう） 暮（ぼ）

目先のことにとらわれて、同じだと気づけないこと

もんだい 168

 人（にん） 色（いろ）

人の好みはそれぞれということ

もんだい 169

 転（てん） 起（き）

なんど転んでも立ち上がろう！

漢字しりとり　その1

大小 ➡️ もんだい170  ➡️ 麦茶

麦茶 ➡️ もんだい171 ➡️ 色紙

漢字しりとり　その2

直線 ➡️ もんだい172    ➡️ 路地

路地 ➡️ もんだい173    ➡️ 下山

84ページの答え
● 164 ❷ 今までにないアイデアを出すこと　● 165 ❶ りょうし：「漁夫の利」とは、争いの間に第三者がやってきて、もうけを横取りすること。故事では、争うシギとハマグリを、あとから来た漁夫（りょうし）が両方つかまえて利（もうけ）をゲットしたんだ

漢字を4つクラフトしよう！

2こずつ組み合わせて
4つの漢字を作ろう！
どんな順番でもいいよ！

| 寺 | 糸 | 矢 | 冬 |
| 豆 | 金 | 言 | 失 |

「こう」の漢字をえらぼう！

もんだい 175 天気がいいので日 ⬜ 浴をする。

もんだい 176 学 ⬜ 帰りに友だちに出会った。

もんだい 177 近所の ⬜ 園で遊ぶ。

もんだい 178 歩いて ⬜ 番まで行こう。

もんだい 179 あなたは ⬜ 運の持ち主だ。

1つずつえらぼう！

① 光　② 公　③ 交　④ 校　⑤ 高　⑥ 幸

86 ページの答え
◆170 小麦　◆171 茶色　◆172 線路　◆173 地下

「よう」の漢字をえらぼう！

もんだい 180
ウールとは ▢ 毛のことだ。

もんだい 181
▢ 事を思い出して、急いで帰る。

もんだい 182
金 ▢ 日にはカレーを食べる。

もんだい 183
東京湾は、太平 ▢ につながっている。

もんだい 184
外の ▢ 子をうかがう。

1 つずつえらぼう！

① 用　② 曜　③ 様　④ 洋　⑤ 陽　⑥ 羊

つぎの言葉を同じタイプでまとめよう

1 走る **2** 海 **3** 泳ぐ

4 ボート **5** 暑い **6** うれしい

7 おもしろい **8** はしゃぐ **9** つりざお

もんだい 185 名前を表す言葉(名詞)はどれ？

もんだい 186 動きを表す言葉(動詞)はどれ？

もんだい 187 様子を表す言葉(形容詞)はどれ？

3つずつえらぼう！

文の主語と述語をえらんで結ぼう！

主語は「私は」や
「だれが」など、
文の主役になる言葉だよ
述語は「どうする」や
「なんだ」など、
主語を受ける言葉だよ！

もんだい 1日8

モンスターは　くらやみに　あらわれる！
　　●　　　　　　●　　　　　　●

　　　　　　●　　　　●
　　　　　主語　　　述語

もんだい 1日9

ゾンビが　ウマを　ゾンビに　変えた！
　●　　　　●　　　　●　　　　●

　　　　　　●　　　　●
　　　　　主語　　　述語

かん板の文字が読めるかな？

キーボードでローマ字入力をした文字だよ！

もんだい 190

NEKO

もんだい 191

DOUKUTSU

もんだい 192
NIPPONN

もんだい 193
GYUUNYUU

 3つずつえらぼう！

1 どうくつ

2 どうぶつ

3 ねっこ

4 ねこ

5 にっぽん

6 ぎゅうにゅう

7 ぎゅうどん

8 がっこう

90 ページの答え
◆ 185 ②海、④ボート、⑤つりざお　◆ 186 ①走る、③泳ぐ、⑤はしゃぐ　◆ 187 ①暑い、⑤
うれしい、⑦おもしろい

もんだい 194 2種類の書き方がある 同じ読み方のローマ字を結ぼう!

SHI ● ● TI

FU ● ● SI

CHI ● ● HU

JI ● ● ZI

ローマ字には
いくつかの種類があるよ!

どの動物が入るかな？

タテの列・ヨコの行・太わくの中に、
4種類の動物が1つずつ入るよ！

 1つずつえらぼう！

1 ネコ **2** オウム **3** コウモリ **4** ウサギ

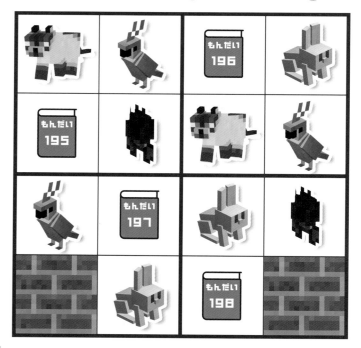

森に着くまでにかかった時間を考えよう！

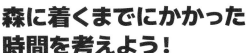

もんだい 199
7時40分に出発して、
8時30分に着いたよ！

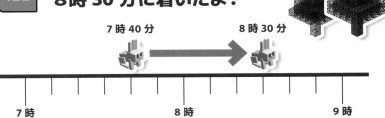

7時40分 → 8時30分

7時　　　8時　　　9時

もんだい 200
7時10分に出発して、
8時20分に着いたよ！

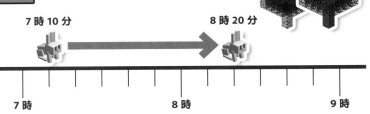

7時10分 → 8時20分

7時　　　8時　　　9時

 1つずつえらぼう！

① 40分　② 50分　③ 60分　④ 1時間10分

もんだい 201
通ったマスの数を足して 合計を「20」にしよう!

> タテとヨコに進めるよ!
> 同じ数のマスは、
> 1度しか通れないよ

1	4	8
5	3	2
6	9	7

スタート →

ゴール →

もんだい 202

通ったマスの数を足して 合計を「24」にしよう!

全部のマスを通ったら
「45」になるね!
45 − 24 = 21 だから……

スタート →

1	4	8
5	3	2
6	9	7

→ ゴール

チェストの展開図はどれ？

もんだい
203 立方体の
チェスト

もんだい
204 直方体の
チェスト

1 つずつえらぼう！

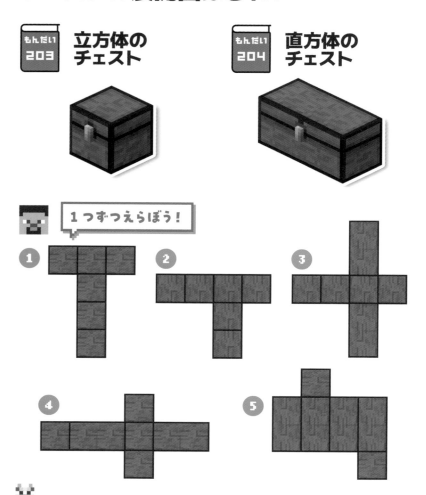

96 ページの答え
◆**201**（155 ページを見よう）

立方体にならないものを 全てえらぼう!

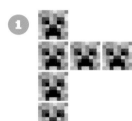

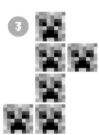

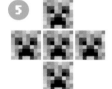
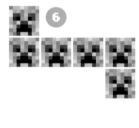

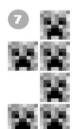
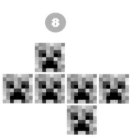

上から見るとどの形？

もんだい
206

もんだい
207

もんだい
208

もんだい
209

 1つずつえらぼう！

1

2

3

98 ページの答え
203 ① 204 ⑤

積み重なったブロックは全部でなんこ？

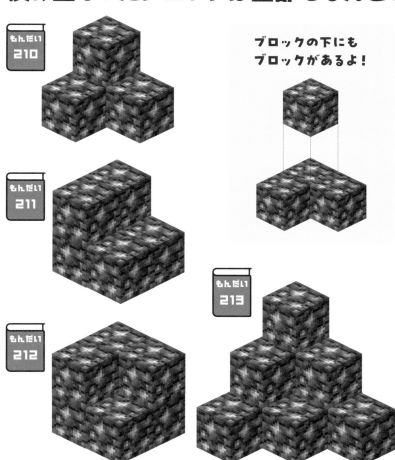

もんだい 210

ブロックの下にも
ブロックがあるよ！

もんだい 211

もんだい 213

もんだい 212

Level 3

もんだい 214 つぎのうち、子どもが
やらなければならないことは？

① 税金をはらう

② 選挙で投票する

③ 働いてお金をかせぐ

もんだい 215 つぎのうち、SDGs ではない
ものはどれ？

SDGs（持続可能な開発目標）は
みんなや地球を守るための取り組みだよ！

① 貧困をなくす

② 海のゆたかさを守る

③ たくさんの物を買う

z

100ページの答え ◆206① ◆207① ◆208① ◆209②

もんだい 216 熱帯魚がすむ熱帯は日本にもある ○か×か?

 ○

 ×

もんだい 217 鳥取砂丘は砂漠だ ○か×か?

 ○

 ×

もんだい 218 日本の島は1万こ以上ある ○か×か?

 ○

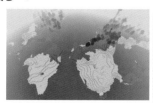

 ×

つぎの地図記号が表すものはなに？

もんだい
219

1 時計台

2 水車

3 灯台

光が四方に広がるイメージだよ！

もんだい
220

1 音楽堂

2 動物園

3 果樹園

リンゴの形を表しているよ！

もんだい
221

1 畑

2 田んぼ

3 写真館

植物の芽を表しているよ！

102ページの答え

◆214①税金をはらう：物を買ったときにかかる「消費税」という税金は、子どももはらう義務があるよ　◆215①たくさんの物を買う：本当に必要なものをえらび、持っているものをだいじに使おう

地図を読もう！

地図の上が
北だよ！

もんだい 222 川がある方角は？

もんだい 223 森がある方角は？

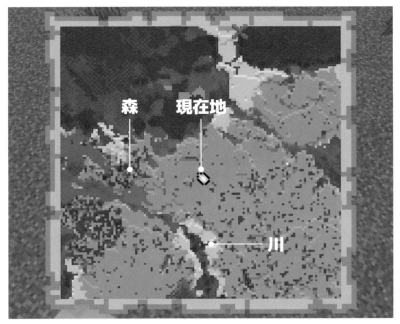

森　現在地　川

103 ページの答え

◆216 ○：東京都の小笠原諸島や、沖縄県の島のいくつかは熱帯だよ　◆217 ×：鳥取県の「鳥取砂丘」は、海と風に運ばれた砂が積もってできているよ。砂漠は雨がほとんどふらないかわいた土地だよ　◆218 ○：日本には約1万5,000もの島があるよ

105

海の生き物の英語をえらぼう！

もんだい **224** イルカ

もんだい **225** イカ

もんだい **226** カメ

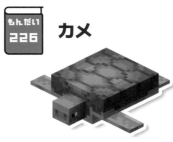

もんだい **227** フグ

もんだい **228** サケ

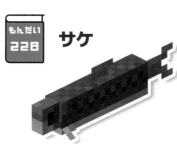

１つずつえらぼう！

1 サーモン
salmon

2 ターロ
turtle

3 スクウィド
squid

4 ドールフィン
dolphin

5 パファーフィッシュ
pufferfish

104 ページの答え
◆ **219** ❶灯台　◆ **220** ❶果樹園　◆ **221** ❶畑

動物の色をえらぼう！

 もんだい 229 ピッグ
pig

 もんだい 230 フォックス
fox

もんだい 231 バット
bat

もんだい 232 パゥロット
parrot

もんだい 233 ポーラー ベア
polar bear

 1つずつえらぼう！

1 ウレッド **red**

2 ピンク **pink**

3 ホワィト **white**

4 ブラック **black**

5 ブゥラゥン **brown**

 もんだい 234 反対の言葉をえらぼう！

レフト
left

●

●

リトル
little

ビッグ
big

●

●

オゥプン
open

クロゥズ
close

●

●

ショート
short

ローング
long

●

●

ゥライト
right

英語

もんだい 235

「giant panda」の「giant」ってどんな意味？

<small>ジャイアント パンダ</small>

1. 巨大な <small>(きょだい)</small>
2. 強い
3. かがやく

もんだい 236

「It's a piece of cake（一切れのケーキ）」が表すのはどんな意味？

<small>イッツァ ピース オヴ ケィク</small>

1. 心ばかりですが（ちょっとしたものですが）
2. 朝飯前だよ（かんたんさ）
3. 焼け石に水（ぜんぜん足りない）

107 ページの答え
◆ 229 ②pink ◆ 230 ⑤brown ◆ 231 ④black ◆ 232 ①red ◆ 233 ③white

109

モンスターなぞなぞ

（3）

あたまをひねってひとやすみ！

もんだい237
ウマとブタが料理対決！
勝ったのはどっち？

もんだい238
「マ」をかたづける
動物は？

もんだい239
すぐにつまらなくなって、
ほかのことを
したくなるイヌは？

「苦が、きらい」を
言いかえてみよう！

もんだい240
苦しいことが
きらいな動物は？

もんだい241
大声で鳴くサイって
どんなサイ？

Level 4

ついに、ジ・エンドへワープ！
これまでに手に入れた
学びのよろいと
ひらめきのぶきを持って、
エンダードラゴンを
たおしに行こう！

もんだい 242

うみなのに、
しょっぱくないうみ、
なんだ……？

 もんだい 243 空が青いのはなぜ？

1 青い光が
広がっているから

2 海の色が
うつっているから

3 空気の色が青いから

 もんだい 244 海の水がふえたり
へったりするのはなぜ？

1 風がふいているから

2 月に引っぱられるから

3 海底が動いているから

110 ページの答え

◆237 ウマ：ウマ勝った（おいしかった）　◆238 シマウマ：しまう「マ」
◆239 秋田犬：あきたイヌ　◆240 スカンク：好かん苦　◆241 うるさい

月が満ちたり欠けたりするのはなぜ？

もんだい 245

1 月の形が変わるから

2 光が当たる方向が変わるから

3 月がある位置が変わるから

100℃でふっとうする水は、高い山の上ではどうなる？

もんだい 246

1 100℃より低い温度でふっとうする

2 変わらない

3 100℃をこえてもふっとうしない

もんだい 247

土の中から見つかるのはどっち？

1 石炭　　**2** 木炭

どちらも燃料になるよ！

もんだい 248

鏡はガラスをどうしたらできる？

1 うらに黒い紙をつける

2 うらに銀をつける

3 魔法をかける

112 ページの答え
◆ **243** ❶青い光が広がっているから：光はさまざまな色が集まっているよ。青い光は散らばりやすく、空気の中でよく広がるので空全体が青く見えるんだ　◆ **244** ❶月に引っぱられるから：(156 ページを見よう)

もんだい 249

しょっぱいのはどっち？

1 海の水 　**2** しょうゆ

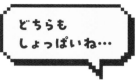
どちらも
しょっぱいね…

 もんだい 250

納豆（なっとう）はダイズになにを入れて作る？

1 クモの糸

2 ねばねばきん

3 納豆きん

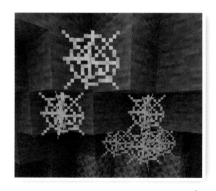

113ページの答え

◆245 ❶月がある位置が変わるから：（156ページを見よう）　◆246 ❶100℃より低い温度でふっとうする：山の上は気圧（大気の圧力）が低いので、温度が低いうちにふっとうが始まるよ。富士山のてっぺんでは、水は約88℃でふっとうするよ

115

どの部分を食べているのかな？

もんだい 251 リンゴ

もんだい 252 ジャガイモ

もんだい 253 ニンジン

もんだい 254 タケノコ

 1 つずつえらぼう！

1 くき　　2 実

3 葉　　　4 花

5 根

114 ページの答え
◆**247**❶石炭：土の中にうまった植物が、時間をかけて温められて石炭になるよ。木炭は木をもやして作るよ　◆**248**❷うらに銀をつける：銀は光をよくはねかえすから、きれいにうつるよ

もんだい 255 タラの身の色は？

マグロやカツオなど、長いきょりを力強く泳ぐ魚は筋肉が赤いから身の色が赤いよ

1 白

2 赤

3 オレンジ

もんだい 256 ハチミツはなにからできる？

1 ミツバチのよう虫が出すみつ

2 ミツバチが集めた花のみつ

3 ハチの巣で育ったくだもの

115 ページの答え
◆ 249 ② しょうゆ：海水は全体のうち塩が約 3.5％、しょうゆは 16％ くらいだよ。しょうゆは海の 5 倍もしょっぱいんだ ◆ 250 ① 納豆きん：ゆでたダイズにまぜてはっこうさせて作るよ

117

あしの数は全部でなん本？

もんだい 257

イカ ＋ ミツバチ ＋ ロバ

イカの「あし」とよばれる 10 本は
「うで」の役割をしているよ

もんだい 258

フグ ＋ ニワトリ ＋ クモ

クモはこんちゅうとはちがって、
あしが左右に 4 本ずつはえているよ

もんだい 259 並列（へいれつ）つなぎはどっち？

1

2

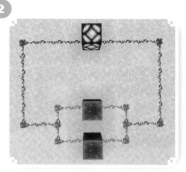

もんだい 260 直列つなぎはどっち？

1

2

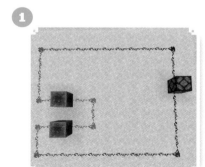

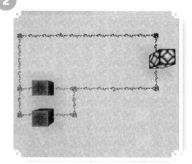

魚の漢字、読めるかな？

めでたい魚だよ！

もんだい 261 鯛

池にいるよ！

もんだい 262 鯉

青い魚だよ！

もんだい 263 鯖

おにぎりの具になるよ！

もんだい 264 鮭

118 ページの答え

📖 **257** 10本：イカ 0 本＋ミツバチ 6 本＋ロバ 4 本　📖 **258** 10本：フグ 0 本＋ニワトリ 2 本＋クモ 8 本

なべ料理にして
食べられるよ！

もんだい
265

鱈

大きな魚だよ！

おかかになるよ！

もんだい
266

鮪

もんだい
267

鰹

「弱」みたいな
字だね！

もんだい
268

鰯

正しい書き順をえらぼう！

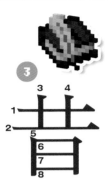

もんだい 269

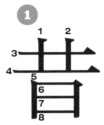 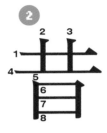 3

もんだい 270

1 2 3

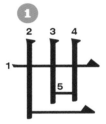 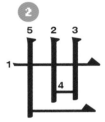 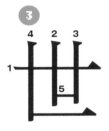

もんだい 271

1 2 3

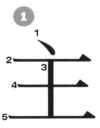 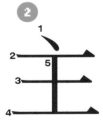 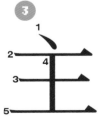

120 ページの答え
◆ 261 たい　◆ 262 こい　◆ 263 さば　◆ 264 さけ

正しい書き順で練習しよう！

もんだい
272

1

2

3

もんだい
273

1
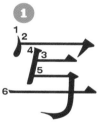

2

3

もんだい
274

1
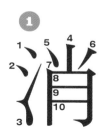

2
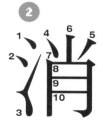

3
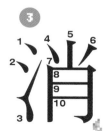

まん中に入る漢字をさがそう！

もんだい 275

夏
登 [　　] 道
林

夏 [　　]、 [　　] 道、 [　　] 林、登 [　　]

4つの熟語に共通する漢字はなにかな？

もんだい 276

真
口 [　　] 行
力

もんだい 277

合
地 [　　] 書
工

足してできる漢字はなにかな?

 もんだい 278　木 + 黄 = [　　]

もんだい 279　木 + 立 + 見 = [　　]

もんだい 280　自 + 一 + 八 + 彦 = [　　]

音読みと訓読みを見分けよう！

もんだい 281 重箱　　┌ じゅう ┐ - ┌ ばこ ┐

もんだい 282 古池　　┌ ふる ┐ - ┌ いけ ┐

もんだい 283 雨具　　┌ あま ┐ - ┌ ぐ ┐

もんだい 284 羊毛　　┌ よう ┐ - ┌ もう ┐

音だけを聞いて
意味が分からないものは、
音読みが多いよ！

 ┌ 1つずつえらぼう！ ┐

① 音 - 音　　**②** 音 - 訓　　**③** 訓 - 音　　**④** 訓 - 訓

124 ページの答え

275 山：夏山、山道、山林、登山　**276** 実：真実、実行、実力、口実　**277** 図：合図、図書、図工、地図

国語

言葉をつなごう！

もんだい 285

ゾンビにおそわれた。

[　　　　　　]生きのびた。

もんだい 286

ゾンビがいた。

[　　　　　　]3びきもいた。

もんだい 287

ゾンビが集まって来た。

[　　　　　　]全力でにげた。

 1つずつえらぼう！

1 それとも　　　2 しかも　　　3 なぜなら

4 だから　　　5 ところで　　　6 それでも

重いのはどっち？　記号をえらぼう！

もんだい288　シロクマ □ パンダ

もんだい289　こウマ □ こヤギ

もんだい290　ニワトリ □ ブタ

1つずつえらぼう！

1 =　　**2** >　　**3** <

ウサギ ABC を軽いじゅんに ならべよう!

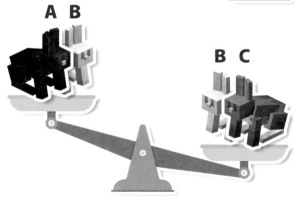

1つずつえらぼう!

1 A > C > B **2** A > B > C **3** B > C > A

127ページの答え
● 285 ① それでも　● 286 ② しかも　● 287 ④ だから

同じ形で2つに分けよう！

もんだい 292

もんだい 293

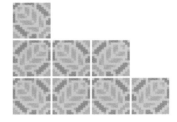

もんだい 294

もんだい 295

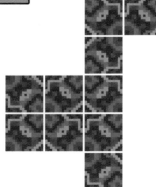

128 ページの答え
288 ❷ ＞ 289 ❶ ＝ 290 ❶ ＜

同じ形で3つに分けよう！

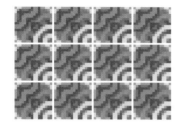

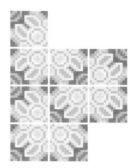

同じ形で4つに分けよう！

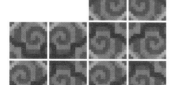

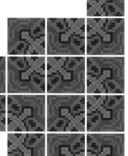

表面積がわかるかな？

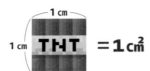

表面の面積を
全て合わせたものを
表面積というよ！

もんだい
300

もんだい
301

もんだい
302

130 ページの答え
◆292・◆293・◆294・◆295 （157 ページを見よう）

組み立てたサイコロを想像しよう！

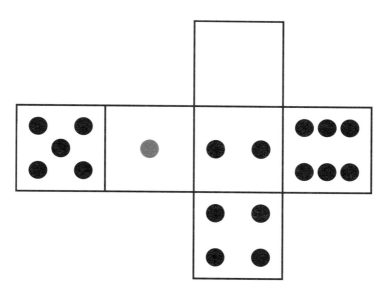

 もんだい ３０３ 　１のうらの数は？

 もんだい ３０４ 　白い面に入る数は？

3頭の犬が肉を分け合ったよ。
それぞれ、どの肉を持っていたのかな？

もんだい 305 3こずつ分けたよ。

もんだい 306 4こずつ分けて、2こあまったよ。

もんだい 307 2こずつあげたら、ぼくは4こになったよ。

 1つずつえらぼう！

1 ぶた肉 ×14こ

2 とり肉 ×9こ

3 牛肉 ×8こ

ねだんを計算しよう！

レコードは
4,000 円だよ！

 + = 6,500 円

 + + = 7,000 円

 + + = 5,500 円

もんだい
ヨ08
 = 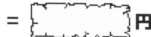 円

もんだい
ヨ09
 =  円

もんだい
ヨ10
 = 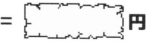 円

 もんだい ヨ11

フランス国旗の青・白・赤 それぞれの色の意味は?

1 空・雪・血

2 自由・平等・博愛

3 知力・平和・情熱

 もんだい ヨ12

カレーは日本に どの国から伝わった?

1 インド　　2 イギリス　　3 シンガポール

134 ページの答え
◆ヨ05 ❷とり肉：3こ×3頭＝9こ　◆ヨ06 ❶ぶた肉：4こ×3頭＋2こ＝14こ
◆ヨ07 ❶牛肉：2こ×2頭＋4こ＝8こ

もんだい 313 北海道の方言では「したっけ」、
沖縄県の方言では「あちゃーやー」
この言葉は、どんな意味？

1 そうだっけ？

2 またね！

3 やっちゃった！

したっけ〜

もんだい 314 「天下の台所」とはどこのこと？

1 大阪府

2 京都府

3 兵庫県

列と行で場所を伝えよう！

 もんだい ∃15 小中学校

タテの列（ＡＢＣＤＥ）と
ヨコの行（１２３４５）を
「Ａ−１」のように伝えるよ！

 もんだい ∃16 交番

 もんだい ∃17 消ぼうしょ

もんだい ∃18 神社

もんだい ∃19 病院

136 ページの答え
◆∃11❷自由・平等・博愛　◆∃12❷イギリス：カレーはインドでうまれて、インドを植民地にしていたイギリスから日本に伝わったよ

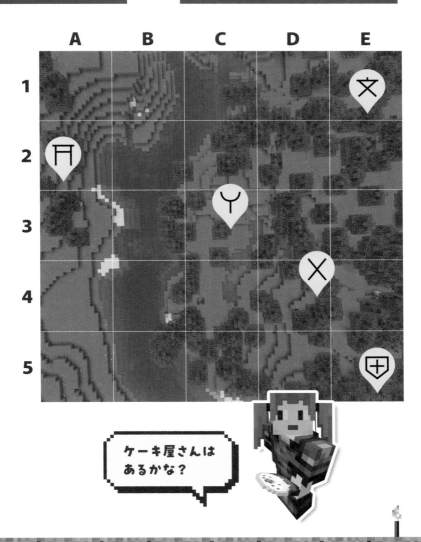

ケーキ屋さんは
あるかな？

137 ページの答え
◆ ∃1∃ ❷ またね！：「したっけ」はそれでは、「あちゃーやー」は明日ねという意味だよ
◆ ∃14 ❶ 大阪府：江戸時代、大阪では食の商業がさかんだったよ。大阪は食、京都は服、神戸はくつにお金をかけると言われるほど、大阪はグルメな都市なんだ

139

英語で表そう！

もんだい
ヨ２０

泳いでいるよ！

もんだい
ヨ２１

歩いているよ！

1つずつえらぼう！

1 ウォーキング
walking

2 ショピング
shopping

3 ドローイング
drawing

4 スィンギング
singing

5 スウィミング
swimming

138 ページの答え
◆ヨ１５ E－1　◆ヨ１６ D－4　◆ヨ１７ C－3　◆ヨ１８ A－2　◆ヨ１９ E－5

英語でじゃんけん！

英語のじゃんけんは
グー・チョキ・パーが
岩・はさみ・紙だよ！

 もんだい 322 グーに勝つのは？

 もんだい 323 チョキに勝つのは？

 もんだい 324 パーに勝つのは？

 1つずつえらぼう！

1 ウロック
rock

2 ペィパ
paper

3 スィザーズ
scissors

顔を表す英語をえらぼう！

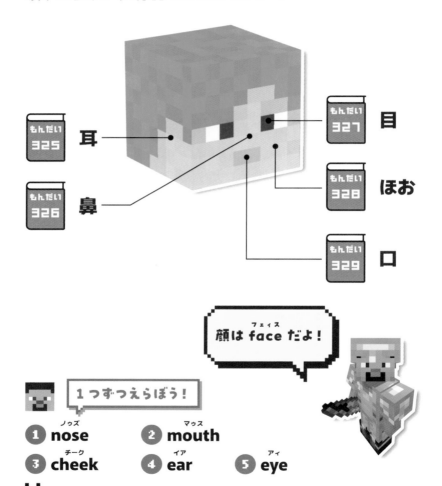

もんだい 325　耳

もんだい 326　鼻

もんだい 327　目

もんだい 328　ほお

もんだい 329　口

顔は face だよ！

1つずつえらぼう！

1 nose　ノゥズ

2 mouth　マゥス

3 cheek　チーク

4 ear　イア

5 eye　アイ

140 ページの答え
❖ 320 ❸swimming　スウィミング
❖ 321 ❶walking：ウォーキング　shopping は買いものをしている、ショピング　drawing は絵をかいている、ドローイング　singing は歌っているよ

体を表す英語をえらぼう！

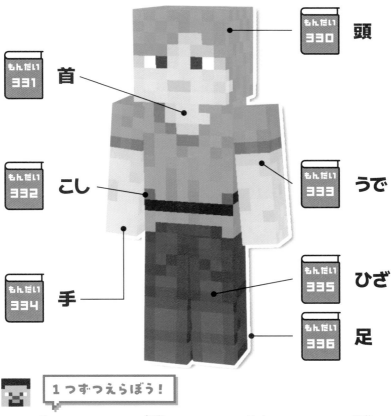

もんだい ЭЭО 頭

もんだい ЭЭ1 首

もんだい ЭЭ2 こし

もんだい ЭЭЭ うで

もんだい ЭЭ4 手

もんだい ЭЭ5 ひざ

もんだい ЭЭ6 足

1つずつえらぼう！

1 ニー knee

2 ネック neck

3 アーム arm

4 ハンド hand

5 フット foot

6 ヘッド head

7 ウェイスト waist

141 ページの答え
◆ ЭZZ **2** ペイパ paper　◆ ЭZЭ **1** ロック rock　◆ ЭZ4 **1** スィザーズ scissors

セリフを考えよう！

How are you ?（ハゥアーユー）

I'm（アィム）____ .

もんだい 337 おなかがすいているときは？

もんだい 338 元気なときは？

もんだい 339 幸せなときは？

1つずつえらぼう！

1 **fine**（ファィン）

2 **happy**（ハッピ）

3 **hungry**（ハングゥリ）

142 ページの答え
325 ④ear（イア）　326 ①nose（ノゥズ）　327 ①eye（アィ）　328 ①cheek（チーク）　329 ②mouth（マゥス）

もんだい 340 ねる前のあいさつはどれ?

1 Good morning.
グッモーニング

2 Good evening.
グッリーヴニング

3 Good night.
グッナイト

もんだい 341 別れるときのあいさつはどれ?

答えが1つとは
かぎらないよ!

1 Goodbye.
グッバイ

2 Have a nice day.
ハヴァ ナイス デイ

3 See you later.
スィー ユー レィラ

143 ページの答え

330 ❻head   331 ❷neck   332 ❼waist   333 ❶arm   334 ❹hand
ヘッド   ネック   ウェイスト   アーム   ハンド

335 ❶knee   336 ❺foot
ニー   フット

145

モンスター
なぞなぞ **4**

 もんだい 342 めちつてと
これなんだ？

 もんだい 343

口 ＝ 1 目 ＝ 3

鼻 ＝ 7 耳 ＝

 もんだい 344 土曜はさんかく
日曜から木曜はしかく、
では、金曜は？

もんだい 345 「春夏冬」中
なにしてる？

 もんだい 346 ころがると目が
増えたりへったり
するものは？

もんだい 347 凿 = A 밀 = C 飛 =

 もんだい 348 た た た / た た た / た

これなんだ？

もんだい 349 おすすす すややや

なんの店？

五感で考えよう！

もんだい 350 口 = 3 目 = 4

鼻 = 9 耳 =

もんだい 351 平成の初め、明治のまん中、令和の終わり、どんな時代？

145 ページの答え
◆340 ① Goodnight. ： Goodmorning. はおはよう、Goodevening. はこんばんはだよ
◆341 ① ② ③ 全部お別れのあいさつ：Goodbye. はさようなら、Have a nice day. はいい一日を、See you later. はまたねだよ！

147

クロスワード
パズル

たからの地図を
完成させよう！

⊕ タテのクイズ

- 📖 ３５２ 日本最大のトンボ。
- 📖 ３５３ 小学校に行くときのかばん。
- 📖 ３５４ すき焼きの語源になった農具。
- 📖 ３５５ シーツやシャツに使われる、アマのぬの。
- 📖 ３５６ ほねをつくるミネラル。よくもえるのでマッチに使われている。
- 📖 ３５７ 現代らしいこと、今っぽいことを、カタカナで言うと？
- 📖 ３５８ アフリカで、食料を求めて大移動するウシのなかま。

⊕ ヨコのクイズ

- 📖 ３５９ たまごでご飯を包んだ洋食。
- 📖 ３６０ くぎやネジを打つ前に、板に小さなあなをあける道具。
- 📖 ３６１ 日本にしかいない、キジのなかまの赤っぽい鳥。
- 📖 ３６２ １つのことに深く関わって学んだり仕事をしたりすること。
- 📖 ３６３ 中央アジアの高い岩山にすむ、もふもふの○○○ネコ。
- 📖 ３６４ うまみ成分グルタミン酸がたくさん入っている食品。

144 ページの答え

◈３４２ タガメ：「た」が「め」になっているよ　◈３４３ ３：漢字の四角を数えよう
◈３４４ はちかく：金の画数は８画　◈３４５ 営業中：秋ない＝商い　◈３４６ サイコロ

タテのクイズ と ヨコのクイズ をといて、
太わくの文字をならべかえよう。
たからは見つかるかな？

352・359		353	□	354	⛏
	⛏		▭	360	355
361 □		□	356	⛏	
	▭	362	□	357 □	
363	358		▭	□	⛏
▭		⛏	364		

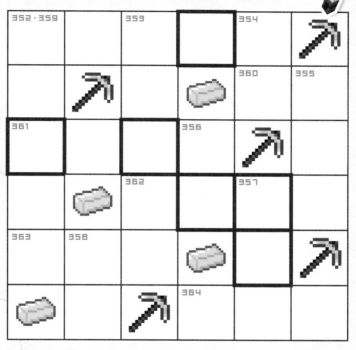

📕 365

□□□□□□

をさがしに行こう！

クロスワードの答えは159ページを見よう！➔

145ページの答え

📕 347 K：池の反対はケイ 📕 348 丸太：「た」が丸になっているよ 📕 349 おすし屋さん：お、す4、や3 📕 350 1,000,000,000,000（兆）：口は味覚、目は視覚（しかく）、鼻は嗅覚（きゅうかく）、耳は聴覚（ちょうかく）だよ 📕 351 平和な時代：「へ」いせい、め「い」じ、れい「わ」

📖 012 の答え

12 〜 13 ページ

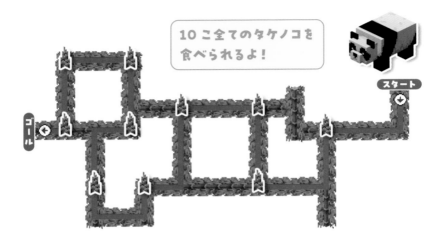

10 こ全てのタケノコを
食べられるよ！

📖 013 の答え

12 〜 13 ページ

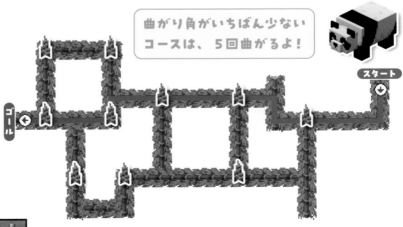

曲がり角がいちばん少ない
コースは、5回曲がるよ！

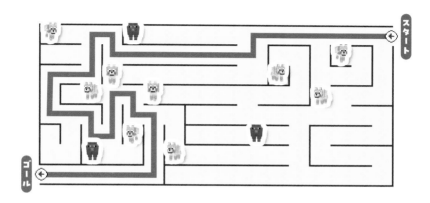

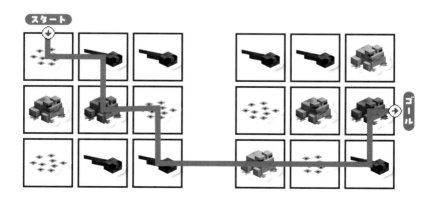

📖 094 の答え

46 ページ

あかい
まるい
かたい
あまい
おいしい
あたらしい
すっぱい

見つけられたかな?

あ	か	あ	あ	ま	る
か	た	ま	い	る	く
い	か	あ	ま	い	お
あ	た	ら	し	い	い
か	い	あ	ま	る	し
め	あ	す	っ	ぱ	い

📖 118 ～ 121 の答え

56 ～ 57 ページ

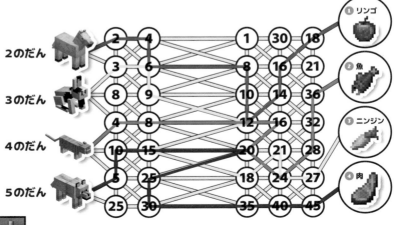

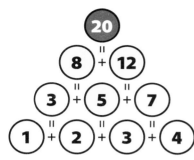

下から順に
足していこう!

$5 × 1 = 5$
5とかけて 35 になるのは 7
1とかけて7になるのは 7

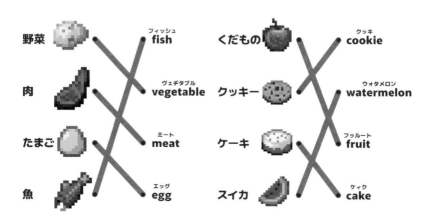

📖 1日目・1日9 の答え

91 ページ

モンスターは　くらやみに　あらわれる！

主語　　　述語

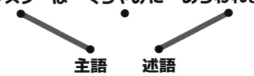

ゾンビが　ウマを　ゾンビに　変えた！

主語　　　述語

📖 194 の答え

93 ページ

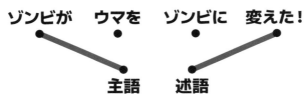

SHI ──────╲   ╱────── TI

FU ────────╲╱──────── SI

CHI ───────╱╲──────── HU

JI ●──────────────● ZI

「SHI」はヘボン式と言って
英語の発音に近いローマ字の表し方だよ。
「SI」や「HU」は日本式だよ！

201・202 の答え 96 〜 97 ページ

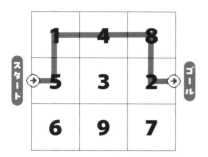

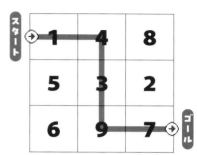

234 の答え 108 ページ

left：左
⇔ right：右

big：大きい
⇔ little：小さい

close：しめる
⇔ open：開ける

long：長い
⇔ short：短い

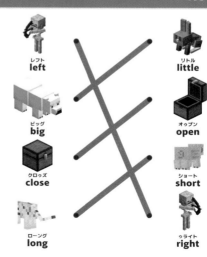

🔖 244 の答え　112 ページ

> 海の水がふえたりへったりするのは、月に引っぱられるから。月の引力によって、海の水がふえるところとへるところができて、しおの満ち引きが起こるよ!

月から遠いところは引力のえいきょうが少ない。地球は1日1回転するから、海がふえるときとへるときがある。

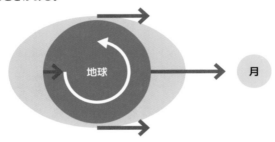

🔖 245 の答え　113 ページ

> 月が満ちたり欠けたりするのは、月がある位置が変わるから。月はいつも太陽にてらされて半分だけ光っていて、どこから見るかよって形が変わって見えるんだ!

月は約1か月かけて地球を1周する。地球から見て、月が太陽と反対側にあるときは、地球からは太陽にてらされた面だけが見えて満月になる。

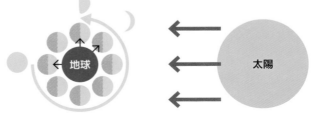

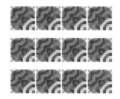
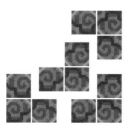

ヨ口己 の答え

132 ページ

底の面：3㎝×3㎝＝9㎠

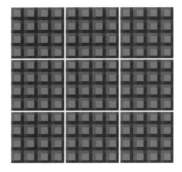

横の面：6㎠×4面＝24㎠

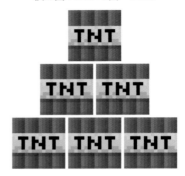

上の面：3㎝×3㎝＝9㎠

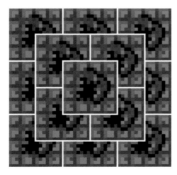

ブロックがのっているところは表面ではないので、1面にならして考えよう

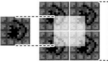
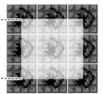

底の面＋横の面＋上の面＝9 + 24 + 9 = 42　　　42㎠

352・359 オ	ム	353 ラ	イ	354 ス	⛏
ニ	⛏	ン	🪨	360 キ	355 リ
361 ヤ	マ	ド	356 リ	⛏	ネ
ン	🪨	362 セ	ン	357 モ	ン
363 マ	358 ヌ	ル	🪨	ダ	⛏
🪨	ー	⛏	364 コ	ン	ブ

365

ダ	イ	ヤ	モ	ン	ド

をさがしに行こう！

マインクラフト
頭がよくなる
冒険なぞとき365

2024年7月16日　初版第1刷発行

著者　　　なぞとき委員会
編集　　　株式会社キャデック
デザイン　井上登志子

発行人　　永田和泉
発行所　　株式会社イースト・プレス
　　　　　〒101-0051
　　　　　東京都千代田区神田神保町2-4-7 久月神田ビル
　　　　　Tel.03-5213-4700　Fax.03-5213-4701
　　　　　https://www.eastpress.co.jp

印刷所 中央精版印刷株式会社
Printed in Japan
ISBN978-4-7816-2322-1